El libro negro de los colores

Menena Cottin · Rosana Faría

Según Tomás, el color amarillo sabe a mostaza, pero es suave como las plumas de los pollitos.

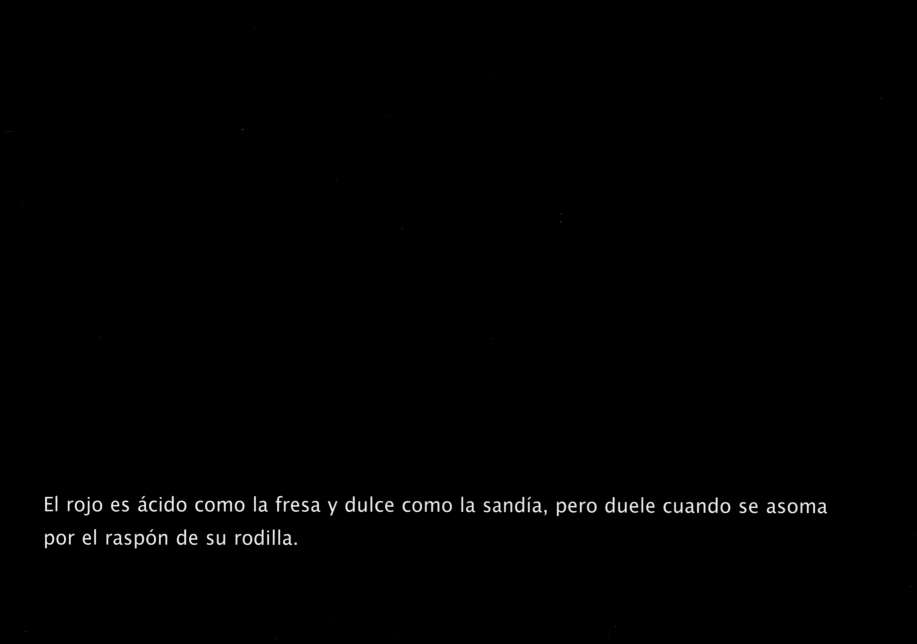

El rojo es ácido como la fresa y dulce como la sandía, pero duele cuando se asoma por el raspón de su rodilla.

El color café cruje bajo sus pies cuando las hojas están secas. A veces huele a chocolate, y otras veces huele muy mal.

Dice Tomás que el azul es el color del cielo cuando el sol calienta su cabeza.

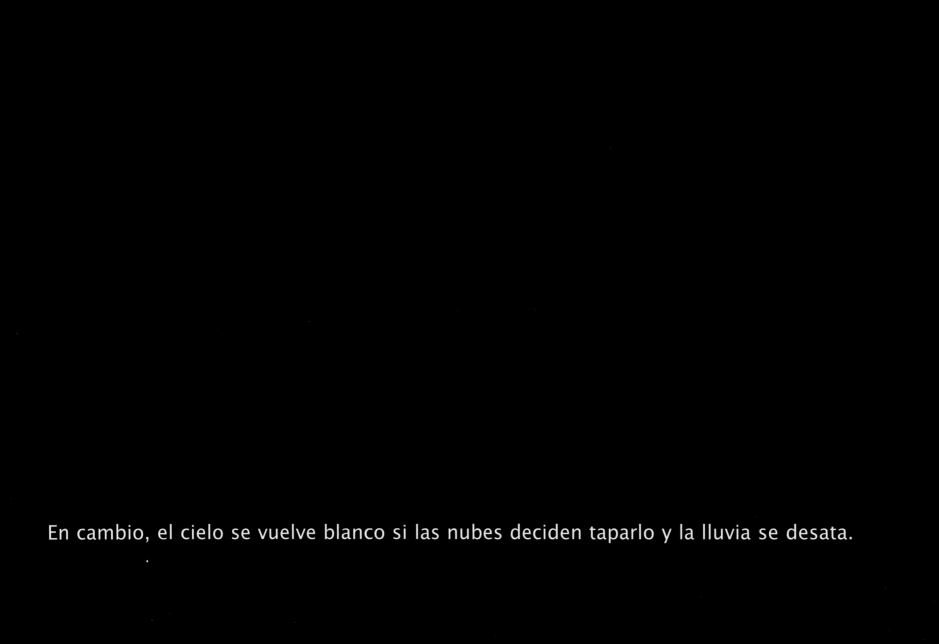

En cambio, el cielo se vuelve blanco si las nubes deciden taparlo y la lluvia se desata.

Pero si el sol se asoma a ver el agua cayendo, salen todos los colores
a pintar un arco iris.

Para Tomás, el agua sin sol no es gran cosa, no tiene color, ni sabor, ni olor.

Él dice que el color verde huele a césped recién cortado y sabe a helado de limón.

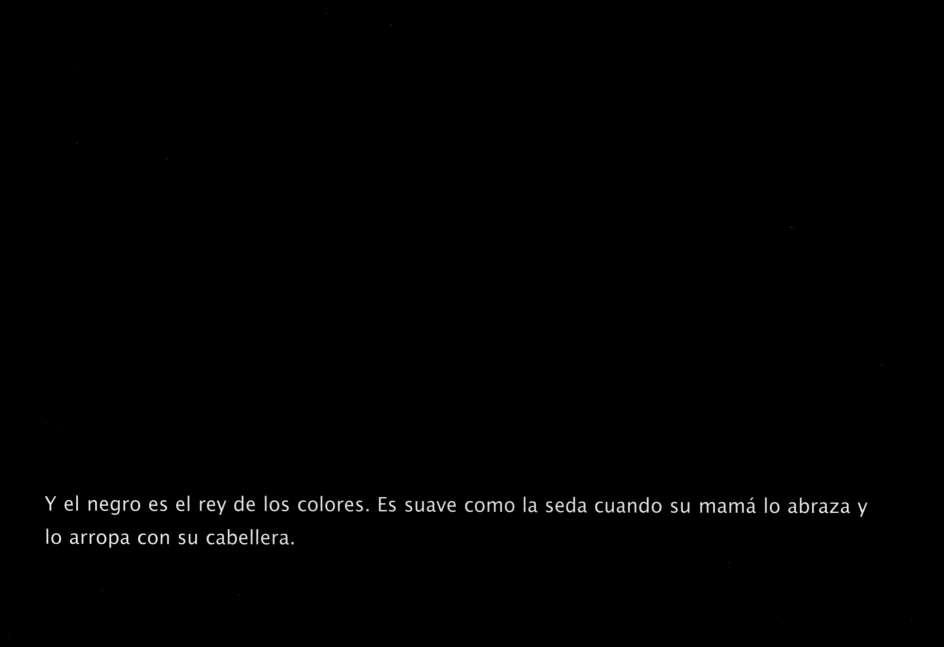

Y el negro es el rey de los colores. Es suave como la seda cuando su mamá lo abraza y lo arropa con su cabellera.

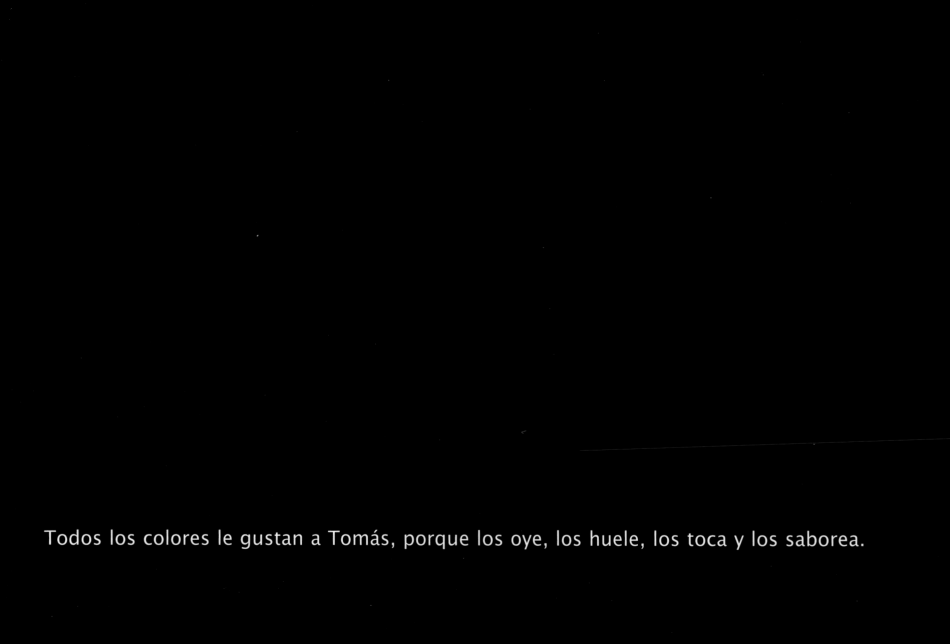

Todos los colores le gustan a Tomás, porque los oye, los huele, los toca y los saborea.

Abecedario

a   b   c   d   e   f   g   h   i   j   k   l   m   n   ñ

o   p   q   r   s   t   u   v   w   x   y   z   Mayúscula

á   é   í   ó   ú   ü   .   ,   ;   :   -   "   ?   !   (   )

0   1   2   3   4   5   6   7   8   9   10   100

Tercera edición: 2008

D.R. © Menena Cottin
D.R. © Rosana Faría

D.R. © Ediciones Tecolote, s.a. de c.v.
Gobernador José Ceballos 10
Colonia San Miguel Chapultepec
11850, México D.F.
5272 8085 / 8139
tecolote@edicionestecolote.com
www.edicionestecolote.com

Coordinación editorial: Mónica Bergna
Diseño: María Angélica Barreto · Monica Solórzano
Diseño portada: Andrés Stebelski
Correción de estilo: Claudia Hernández

ISBN: 978-970-825-019-1

Impreso en China por South China Printing Ltd. Co.

No se permite la reproducción total o parcial de este libro,
ni su transmisión en cualquier forma o por cualquier medio,
sin el permiso previo y por escrito de los titulares del
copyright. La infracción de los derechos mencionados puede
ser constitutiva de delito contra la propiedad intelectual.

EDICIONES
TECOLOTE